RODRIGUINHO
FORA da CAIXA
UM NOVO CICLO

RODRIGUINHO
FORA da CAIXA

UM NOVO CICLO

DISRUPTalks, 2024 – Todos os direitos reservados.

© Rodriguinho

Editora Executiva: **Caroline Dias de Freitas**
Coordenação Editorial: **Larissa Franco**
Revisão: **Larissa Franco**
Diretor de Arte: **César Oliveira**
Foto da capa: **Jordan Vilas (@jordanfotografo)**
Maquiadora: **Thaina Sodré (@thainasodrebeauty)**
Assessoria de Imprensa: **Ana Carolina Freitas**
Impressão: **Gráfica Print Park**

1ª Edição – Maio/2024

DADOS INTERNACIONAIS DE CATALOGAÇÃO NA PUBLICAÇÃO (CIP)
CÂMARA BRASILEIRA DO LIVRO, SP, BRASIL

S583r   Silva, Rodrigo Fernando do Amaral.
          Rodriguinho: Fora da caixa. Um novo ciclo.
          São Paulo: Editora Reflexão: Disrup Talks, 2024.

          ISBN: 978-65-5619-166-9
          64 páginas.

          1.Cantor. 2. Biografia. 3. Reality Show. 4. Ressignificação. 5. Reality Show.
          I. Editora Reflexão. II. Disrup Talks. III. Rodriguinho.

CDU: 78

DISRUPTalks
Rua Almirante Brasil, 685 - CJ 102 - Mooca - São Paulo - SP - 03162-010
Fone: (11) 9.7651.4243
disruptalks@gmail.com – www.disruptalks.com.br

Todos os direitos reservados. Nenhuma parte desta obra pode ser reproduzida ou transmitida por quaisquer meios (eletrônico ou mecânico, incluindo fotocópia e gravação) ou arquivada em qualquer sistema ou banco de dados sem permissão escrita da Editora Reflexão.

SUMÁRIO

Prefácio - A psicóloga, Roberta Maldonado 7
Apresentação - A gestora de crise de imagem, Gis de Oliveira . . . 10
Pitel. 12
Michel. 14
O convite 16
A recusa 18
A notícia 20
A caminho 23
Primeiro dia 24
O começo. 26
As festas 28
As dores 30
As críticas 32
A polêmica 34
Os laços 36
A saída 38
Nas ruas 40
Dores e razões 41
Arrependimentos 43
As dificuldades. 45
Os julgamentos 46
Desabafo 47
O rival 48
Coisas de jogo 50
Dia a dia 51

Visões e princípios 53
Pós *reality*. *55*
O letramento 57
Posfácio 1 - A assessora, Carol Freitas. 58
Posfácio 2 - A esposa, Bruna Amaral 60
Fotos. 63

PREFÁCIO - A PSICÓLOGA, ROBERTA MALDONADO

Trabalhar com o psicológico do Rodriguinho foi um processo que começou antes do programa, há alguns meses, em sessões semanais de terapia. Durante esse período, exploramos temas cotidianos e nos aprofundamos na psicanálise para compreender as raízes das questões psicológicas que ele enfrenta atualmente.

Sua postura no jogo revelou muito sobre sua personalidade, destacando especialmente sua sinceridade. Ao analisar sob uma perspectiva psicológica, podemos identificar a manifestação de neuroses que têm suas raízes na infância, tornando-se ainda mais evidentes pelo ambiente de confinamento.

Meu primeiro contato com o Rodriguinho após o reality foi marcado pelo acolhimento, buscando compreender todos os acontecimentos, tanto dentro quanto fora do programa. As mudanças significativas que ele vivenciou foram temas centrais em nossas sessões, e a maior transformação que observei foi sua capacidade aprimorada de expressar sentimentos, algo que sempre foi desafiador para ele.

Dentro da casa, acredito que o Rodriguinho enfrentou situações inéditas em sua vida cotidiana habitual. Sua intensa agenda de shows, compromissos, camarins e hotéis o deixou despreparado para lidar com questões consideradas básicas pelo senso comum.

Sobre as polêmicas que o envolveram, confesso que ele poderia ter lidado melhor com algumas situações. Encerrar assuntos desnecessários poderia ter sido uma estratégia eficaz, porém sua falta de experiência nesse tipo de exposição o deixou em dúvida sobre como agir. Apesar de sempre ter estado presente na mídia de forma profissional, ele nunca havia enfrentado essa exposição pessoal, o que tornou a experiência ainda mais desafiadora para ele.

A influência das pessoas ao seu redor também foi significativa para seu desenvolvimento psicológico. Ele conseguiu se colocar no lugar dos outros participantes, especialmente aqueles com idade próxima à de seus filhos, o que demonstrou uma sensibilidade emocional que não era tão explorada antes do programa.

O confinamento temporário também teve impacto em sua visão sobre a família, destacando a importância de valorizar as relações e as pequenas coisas da vida. Essa experiência o ajudou a reconhecer o valor desses aspectos em meio a tantas demandas profissionais.

Acredito que seus maiores desafios foram relacionados às críticas e julgamentos sobre sua vida pessoal. A exposição no programa o deixou vulnerável a opiniões externas, algo com o qual ele não estava acostumado. Lidar com os haters requer autoconhecimento e confiança em si mesmo, e é isso o que costumamos trabalhar em nossas sessões.

O ambiente do programa representa um desafio complexo devido ao confinamento e à interação com pessoas desconhecidas. Nesse contexto, é essencial compreender como esses elementos afetam os participantes e quais características se tornam visíveis ao longo do programa.

Uma das observações mais marcantes é a rápida oscilação de humor, evidenciando a capacidade dos participantes de passar de extremos em curtos períodos. Além disso, a influência direta da má alimentação, exercícios físicos, incerteza sobre em quem confiar e convívio intenso amplificam a importância de pequenos acontecimentos, o que gera uma instabilidade emocional significativa dentro do jogo.

A preparação psicológica para um reality show inclui o entendimento dos próprios desafios internos e a habilidade de lidar com os demais participantes. É uma jornada de autodescoberta e crescimento pessoal que pode influenciar profundamente a experiência de cada um no programa. Acredito que o Rodriguinho saiu de lá com uma evolução significativa.

APRESENTAÇÃO - GESTORA DE CRISE DE IMAGEM E ESTRATEGISTA DE CARREIRA ARTÍSTICA, GIS DE OLIVEIRA

No turbilhão emocional que é esse reality show, as polêmicas podem se tornar uma tempestade perigosa, capaz de afetar não apenas a trajetória dentro do programa, mas também a carreira de um participante fora dele. Cada palavra mal colocada, cada gesto descontextualizado, tudo contribui para o cancelamento midiático.

Quando as confusões envolvendo o Rodriguinho começaram a surgir, não vi uma maldade em suas atitudes, mas sim uma falta de preparo, uma inconsciência do que aquele reality show representava. Esse era um jogo de convivência orquestrado para desestabilizar emocionalmente os participantes desde o momento do isolamento. Eles entram nesse universo já fragilizados, pressionados a formar alianças e a lidar com rivalidades, tudo enquanto o país os observava atentamente. É uma pressão sufocante, capaz de fazer surgir o pior de cada um.

Percebi que havia mais do que falas equivocadas. Havia toda uma trajetória de vida, uma geração que foi moldada por valores e contextos específicos. Rodriguinho cresceu em uma era onde a comunicação era patriarcal, onde a internet e as redes sociais não tinham o papel que têm hoje. Ele entrou no programa sem compreender completamente seu funcionamento, sem perceber a magnitude de suas ações.

Assim que assumi a gestão da crise, minha prioridade foi garantir que o Rodriguinho estivesse emocionalmente estável para lidar com toda essa pressão. Ele estava passando por um momento de intensa exposição e críticas, o que poderia afetar profundamente sua saúde mental. No entanto, aqui fora, estávamos prontos para oferecer o suporte necessário para enfrentar essa fase difícil.

Quando chegou o momento do pós-programa, tivemos que agir rápido e com precisão. O tempo era nosso maior inimigo, mas também nossa maior oportunidade. Era crucial entender o estado físico e emocional de Rodriguinho, assim como seus desejos para o futuro de sua carreira. E então, montamos uma estratégia que visava reconstruir sua imagem pública, ressignificar os erros cometidos e, acima de tudo, mostrar sua verdadeira essência.

Outro ponto crucial foi reconquistar a confiança do público. Rodriguinho utilizou as redes sociais como uma ferramenta para se conectar diretamente com os fãs, mostrando que ele reconhecia seus erros e estava disposto a aprender com eles. Isso envolveu não apenas pedidos de desculpas públicos, mas também ações concretas para demonstrar seu comprometimento com a mudança e o crescimento pessoal.

Com a ajuda de profissionais especializados, traçamos um plano estratégico de longo prazo para superar essa situação complicada e reconstruir sua reputação. Apesar de todos os desafios, estou confiante de que o Rodriguinho vai vencer essa fase difícil. Ele é um artista talentoso e uma pessoa genuinamente boa, e tenho certeza de que seu público reconhecerá seu comprometimento em se redimir e seguir em frente, mais forte e resiliente do que nunca.

PITEL

Conviver com o Rodriguinho durante o programa não foi exatamente como eu esperava. Antes de entrarmos na casa, eu já o conhecia como um artista, eu o admirava, mas nunca poderia imaginar a relação que construiríamos. Para o público, ele transmitia uma imagem de chato, reclamão, como se não quisesse estar ali dentro. No entanto, tive o privilégio de conhecer um lado completamente diferente dele.

Por trás da máscara de indiferença, descobri um Rodriguinho sensível, cheio de sentimentos e emoções. Era como se toda aquela armadura que ele construiu fosse apenas uma forma de se proteger das adversidades que enfrentou ao longo da vida. E para minha surpresa, encontrei um homem que chorava, demonstrava saudade de casa, fé e carinho, alguém com uma profundidade que poucos conseguiam enxergar.

No início, hesitei em me aproximar. Não queria parecer uma fã enlouquecida forçando uma amizade. Por isso, mantive uma certa distância e continuei no meu canto. No entanto, à medida que o jogo avançava, percebi que tínhamos muito em comum e que naturalmente estávamos nos aproximando.

Nossa relação se fortaleceu quando ganhamos a liderança juntos. Foi um momento de conexão genuína que nos aproximou ainda mais. Conforme os dias passavam, ele passou a dividir o mesmo quarto que eu, e nossa amizade aconteceu de forma natural, sem forçar nada.

Não posso negar que foi uma transição fácil. O Rodriguinho não se mostrou fechado para novas amizades, pelo contrário, ele foi incrível comigo desde o início. Nosso relacionamento foi marcado por reclamações, mas também por muito carinho e camaradagem. Era como se nos entendêssemos sem precisar de muitas palavras.

Atualmente, estamos em diferentes partes do país. Eu moro em Maceió e ele em São Paulo. Não sei se um dia irei morar na mesma região que ele, mas se isso acontecer, ficarei muito feliz em estar perto dele e de sua família, que me acolheu de primeira e já me considero parte dela.

É claro que nossa relação teve seu impacto no jogo, para o bem e para o mal. Mas, sinceramente, não quero pensar nisso agora. O que passou, passou, e não há nada que eu faria de diferente. Apenas segui minha intuição e mantive a amizade que construímos dentro do programa, e isso é o que realmente importa. Uma coisa é certa: nossa amizade foi importante, independentemente do contexto em que estávamos inseridos, e vai seguir para o resto da vida.

MICHEL

Foi engraçado como tudo aconteceu naturalmente. Desde o início, não houve dificuldades em nos aproximarmos, mesmo diante de sua carreira renomada. Nossa interação não envolvia estratégias de jogo ou alianças premeditadas; foi uma amizade que se desenvolveu genuinamente quando nos encontramos no quarto e que ultrapassou os limites do programa até aqui fora.

Conviver com o Rodriguinho foi uma experiência única. Apesar de suas constantes reclamações, sua presença era sempre acompanhada de bom humor e risadas. Os momentos de descontração no nosso quarto se tornaram verdadeiros refúgios no meio da pressão do confinamento. Era ali que as tensões pareciam desaparecer, esquecidas em meio às brincadeiras e trocas de farpas entre os participantes, especialmente entre ele e a Pitel.

Sua vivência também abriu meus horizontes musicais. Eu, que antes não tinha interesse algum em pagode, fiquei cada vez mais envolvido com esse gênero, graças às suas influências e recomendações.

Não há dúvidas de que nossa relação também interferiu no jogo. Nossas conversas, nossas estratégias, tudo isso teve um impacto significativo no andamento do programa e nas decisões que tomávamos ali dentro. Nosso quarto era como uma equipe, torcíamos um pelo outro nas provas e, principalmente, nos apoiávamos nos momentos de dificuldade.

À medida que o programa seguiu, nosso relacionamento se fortaleceu ainda mais, até que transcendeu as câmeras e se tornou uma amizade verdadeira. A presença de nossos companheiros também acrescentou ainda mais valor aos nossos encontros pós reality. Hoje, estamos compartilhando momentos especiais e fortalecendo o laço que criamos durante o confinamento, e acredito que continuará assim.

O CONVITE

No dia 24 de novembro, o telefone tocou às 00h24. Era o meu empresário, Rogério, do outro lado da linha. Ele perguntou se poderia me ligar por vídeo, e eu concordei sem hesitar. Porém, naquele momento, eu estava no estúdio gravando uma música com outro artista.

Quando Rogério percebeu isso, ele mudou o tom e desconversou, pedindo para adiar a conversa para o dia seguinte, o que me deixou intrigado. Ele não é do tipo que posterga assuntos. Geralmente, é direto em suas conversas, o que já começou a aguçar minha curiosidade.

O que poderia ser tão delicado para não ser discutido naquele momento? Será que tinha algo a ver com a presença do outro artista ao meu lado? Eu não sabia, mas duvidei que fosse algo particular entre nós dois, e deixei para lá.

No dia seguinte, embarquei para uma viagem com destino ao Rio de Janeiro para um show. Próximo ao meio-dia, decidi ligar para o Rogério, queria entender o que estava acontecendo.

Ele me convidou para uma videochamada e, sem rodeios, disse que precisava fazer uma pergunta. Ciente da minha personalidade, ele disse que sabia que eu diria não, mas precisava me perguntar de qualquer maneira. Concordei em ouvir sua pergunta.

- "A casa mais vigiada do Brasil, e aí?" - ele perguntou.

Minha resposta foi direta e sem hesitação: "E aí o que?"

Ele explicou que meu nome estava sendo mencionado no contexto do programa e que a produção tinha interesse em me convidar para participar. Mas a minha resposta foi imediata: "Não."

Ele tentou argumentar, mencionando a importância e a visibilidade que isso poderia trazer, afinal, era a maior emissora do Brasil envolvida, mas minha decisão era firme. "Eu sei quem eles são, mas eu vou dizer não".

Rogério ainda insistiu, questionando minha certeza, ao que respondi com firmeza: "Tenho certeza absoluta. Nem pensar. Não vou."

Com essa decisão, encerrei a conversa e desliguei o telefone. A proposta de participar do programa não me seduzia. Embora pudesse ser uma oportunidade tentadora para muitos, eu sabia onde estavam meus limites e prioridades, e a participação em um reality show definitivamente não fazia parte deles.

A RECUSA

Logo de cara, eu recusei. Nunca tinha passado pela minha cabeça entrar em um reality show. Era algo completamente fora do meu radar, nunca nem tinha cogitado essa possibilidade. Outros programas já tinham me sondado antes, mas eu nem deixava a conversa evoluir.

Porém, dessa vez, quando o Rogério me trouxe a proposta, foi diferente. Ele parecia mais sério, mais convicto. Normalmente, quando eram outros programas, ele mesmo já desistia e dizia algo como "Te ligaram para tal programa, mas já falei não. É não né?", e eu só concordava. Ele me conhece bem o suficiente para saber o que eu faria, o que não faria, então, quando ele continuou com a conversa, me fez pensar.

Estávamos dentro do ônibus, na estrada, e a Bruna, minha esposa, estava ao meu lado. Vi quando ela ouviu minha recusa, estava quieta, olhando pela janela, para a paisagem passando. Perguntei a ela se tinha prestado atenção, e ela disse que sim. Então, questionei se estava fazendo a coisa certa.

Antes de perguntar, porém, pensei na situação dela. Ela já tinha tentado entrar no programa quatro vezes e nunca tinha passado da fase das inscrições. Então, decidi perguntar a ela, afinal, estávamos juntos nisso, e tomar uma decisão sozinho, especialmente uma decisão tão grande, não parecia certo. Então, perguntei: "E aí, o que você acha disso?".

Ela respondeu dizendo que havia prós e contras, que eu estava em um momento incrível da minha vida, tanto profissionalmente quanto pessoalmente, especialmente depois de passarmos por algumas dificuldades e buscarmos ajuda terapêutica, mas que eu deveria aceitar sim. Ela também apontou que eu teria que lidar com muitas coisas que não gosto, como controlar minha impulsividade, já que estaria sob os olhos do público o tempo todo.

Minha segunda pergunta foi sobre como ela se sentiria com toda a exposição e o ambiente das festas. E ela, confiante, disse que não seria um problema. Decidi então ligar para o Rogério e discutir com ele. Ele externou seu receio, mas me incentivou. Disse que seria uma ótima oportunidade para mostrar meu lado pessoal ao público.

Depois dessa conversa, marquei uma reunião com a produção do programa. Fui passando pelas etapas do processo, mas sem muita expectativa. Não queria me decepcionar, então mantive a mente aberta. A verdadeira ansiedade só veio quando assinei o contrato e soube que estava dentro do programa. Foi quando tudo se tornou real, quando o frio na barriga começou a surgir. E foi só a partir daí que comecei a imaginar como seria viver essa nova experiência de fato.

A NOTÍCIA

Escolher com quem falar sobre minha decisão de entrar no reality foi tão importante quanto a própria decisão. Eu precisava de opiniões sinceras, de pessoas que conhecessem o jogo e, ao mesmo tempo, me conhecessem bem.

Alguns contatos foram feitos antes de qualquer assinatura de contrato, quando a incerteza ainda pairava no ar e qualquer informação adicional fazia meu coração acelerar. Outros vieram após a confirmação, quando a sensação de que agora não tinha mais volta estava presente.

Thiaguinho foi a primeira pessoa a quem contei. Ele, sendo fã do programa e namorado de uma ex-participante, Carol Peixinho, era a pessoa mais próxima desse universo que eu tinha. Eu o chamei para uma conversa antes da primeira entrevista, logo pela manhã. Fiz uma videochamada com ele e a Carol, e soltei a bomba: o grande reality está me chamando. A reação deles foi incrível. Depois de me darem algumas dicas, cada um com sua perspectiva, Thiaguinho me deixou mais tranquilo com suas palavras sinceras, tanto como artista quanto como amigo. Ele me deu confiança, mesmo quando me alertou sobre os desafios que estavam por vir.

Minha mãe também foi uma das primeiras a saber. Mandei uma mensagem para ela logo após a primeira entrevista para não deixá-la ansiosa sem necessidade. Quando compartilhei a notícia, sua reação foi tão materna quanto esperado. Com sua calma, ela perguntou: "E aí, Ro, como você está? Você quer fazer isso?" Respondi com uma mistura de incerteza e determinação: "Ah, mãe, acho que quero." Ela apenas respondeu: "Então está bem, filho. Estou aqui por você. Vou rezar e te apoiar. Vamos nessa."

Depois, veio o momento de contar para meus filhos. A notícia veio no dia 23 de dezembro, pouco antes do Natal. Gaab, meu filho mais velho, soube um pouco antes devido a uma viagem para um show. Sabendo que teríamos que conversar, pois tinha o aniversário da minha neta no início de janeiro, uma data que se tornaria complicada para mim devido ao confinamento iminente, expliquei para ele a situação antes de todos os outros. Depois dele, vieram os outros quatro: Junior, Vitoria, Aretha e Jaden.

Com os mais novos, pedi pizza e organizei um jantar em família. Quando soltei a bomba de que iria para a casa mais vigiada do Brasil, as reações variaram. Os meninos, empolgados, já começaram a imaginar como seria me ver na TV todos os dias. Mas as meninas, principalmente Vitoria, ficaram em choque. Depois de uma discussão sobre suas preocupações, eles me deram aval, o que significou muito para mim.

A reação foi mista, como era de se esperar. Mas, no final, todos me deram seu apoio, mesmo que com algumas ressalvas. A conversa continuou, com eles me ensinando sobre o panorama do jogo e me preparando para o que estava por vir, embora nenhum de nós soubesse como seria de fato estar lá dentro.

Eu e Bruna, minha esposa, também conversamos muito sobre como seria a minha participação. Passamos noites imaginando cenários, discutindo estratégias e até ensaiando diálogos. Apesar de sempre ser otimista, houve um momento em que ela se desestabilizou. Foi durante uma conversa com a equipe da minha marca de roupas, quando estávamos organizando tudo para levar sem nossos logos, que não poderiam aparecer na televisão. Ela teve uma crise, ficou desconfortável e expressou suas dúvidas na frente de todos. Então tive que acalmá-la e lembrá-la de todo o apoio que ela me deu desde o início.

Na minha mente, a parte mais difícil seria o confinamento no hotel, onde você fica sozinho. No programa, pelo menos, você está com outras pessoas. A Bruna tinha um bom entendimento do reality, e assim como os outros que me explicaram o jogo, todos estavam com grandes expectativas.

A CAMINHO

A caminho do Rio de Janeiro, a única coisa que passava pela minha cabeça era deixar a Bruna tranquila. Ela ficou muito mal. Meu produtor me levou junto com a esposa dele, e no banco de trás, eu e Bruna permanecemos de mãos dadas, enquanto eu tentava acalmá-la. Desde que começamos a ficar juntos, a maior separação que tivemos foi de apenas 3 ou 4 dias. Nunca havíamos ficado tanto tempo longe.

Assim que desembarcamos e o momento da despedida chegou, uma sensação de arrependimento tomou conta de mim. Pensei: "Eu não me despedi direito. Poderia ter feito mais, ter proporcionado uma última noite melhor". No entanto, estávamos tentando levar tudo com naturalidade, apenas como mais um projeto, algo relacionado à minha carreira. Assim como lido com outras situações externas, me ajudava a manter a calma. Ficamos tão focados nisso que acabamos esquecendo de preparar uma despedida adequada, como merecíamos.

Lembro-me de quando saí de casa, de cada detalhe. A Aretha, minha filha, ficou lá até o último minuto. Quando precisei me despedir, ela chorava de um jeito que parecia que algo grave estava acontecendo. Fiquei triste por deixá-la daquele jeito. Era como se eu estivesse a caminho de algo perigoso. As outras crianças mal pude ver naquele dia, foi a Aretha quem permaneceu comigo até o final.

Quando entrei no confinamento do quarto de hotel, sem celular, sem televisão, apenas um silêncio total, me questionei: "Será que isso vai acontecer? Será que é isso mesmo?". A incerteza do que estava por vir tomou conta de mim, e naquele momento, nada do que eu pensasse poderia superar a magnitude do que estava prestes a acontecer em minha vida.

PRIMEIRO DIA

A entrada na casa deste ano foi completamente única. Enquanto eu estava em casa, fazendo meu dever e estudando as edições anteriores do programa, acompanhei diversas chegadas diferentes. Alguns entraram pela porta convencional, outros chegaram algemados um ao outro, alguns participantes entraram dias depois do início, e até mesmo uma casa de vidro foi parte dessa dinâmica.

Este ano foi diferente. Nos deixaram lá dentro com os olhos vendados, e só podíamos tirar a venda quando o programa começasse de verdade, ao vivo. Quando estou ali, de olhos tapados, esperando o início do jogo, passa um turbilhão de pensamentos pela cabeça, como, "Onde estou? O que vai acontecer? Como será agora?". Meu coração batia a mil, uma mistura de emoções que nunca havia sentido antes. Ao mesmo tempo, lá fora, só conseguia pensar se as pessoas já estavam me vendo, se a Bruna e minha família estavam assistindo minha entrada.

E então, em questão de minutos, o programa começou. Imaginei que teria aquela música animada, todo mundo feliz, mas foi um silêncio total. Tirei a venda, todo mundo fez o mesmo, e aí depois de alguns segundos, começou a bagunça, com gente chorando, rindo e comemorando. Quando abri os olhos e olhei para trás, vi uma participante dando cambalhotas no gramado, outras deitadas chorando, outras ajoelhadas em oração. Eu só queria olhar nos rostos das pessoas e ver se reconhecia alguém. Queria ver se as especulações que ouvi antes do programa estavam certas.

A primeira pessoa que cumprimentei foi uma conhecida. Olhei para ela e pensei "Ah, um rosto familiar". Já tinha conversado com ela em outras ocasiões, fazia muito tempo que não a via, mas era um rosto que eu reconhecia. Ao meu lado também estava outra pessoa que já havia tido uma troca, já a conhecia antes. A terceira pessoa, por outro lado, não conhecia pessoalmente, apenas da internet, mas também era um rosto familiar para mim naquele momento.

Quando me deparei com aquele frenesi, comecei a me questionar "O que estou fazendo aqui? O que fiz da minha vida?". Olhei para o lado, vi que a porta já estava trancada e não tinha como voltar atrás, mas ao mesmo tempo eu estava louco para entrar e conhecer toda aquela casa.

Foi uma loucura, uma correria total, todo mundo pegando suas camas, olhando os quartos. Eu, por outro lado, fui bem devagar. Sai andando, entrei em um quarto, depois vi que tinha outro, uma cozinha, ainda não tinha caído a ficha de fato, não tinha processado tudo o que estava acontecendo. Foi uma sensação única, diferente de tudo que já vivi na minha vida.

O COMEÇO

No primeiro dia, tudo parecia bem. Era como se eu tivesse sido aceito instantaneamente. "Ah, tudo bem, estou aqui, com essas pessoas, vamos viver", pensei. Comecei a notar com quem eu tinha mais conexão e percebi que as pessoas já não me olhavam da mesma forma. Como artista, algumas pessoas diziam até não me conhecer. Então, comecei a interagir mais com algumas meninas do camarote. Elas entendiam meu jeito, também eram as mais velhas da casa, próximas da minha idade, e nos primeiros dias, trocamos muitas conversas.

Esse dia foi tranquilo, exploramos a casa, fomos para a piscina, foi uma alegria só. Ainda não havia divisões de VIP e Xepa na cozinha, já que ainda não tínhamos um líder. Então, todos comiam juntos, dando a falsa sensação de que seria assim todos os dias. Eu estava tranquilo, até que chegou a noite.

Tivemos o primeiro ao vivo com o apresentador, e logo na primeira dinâmica precisávamos escolher mais 6 pessoas para entrar na casa, 3 homens e 3 mulheres. A escolha de novos participantes trouxe uma dose extra de tensão. Não havia camas suficientes, e muitos acabariam dormindo no chão. Foi um choque perceber que a dinâmica da casa poderia ser tão desafiadora logo de início.

Após essa dinâmica, o apresentador ainda nos chamou para a primeira prova do líder do programa, que seria de resistência. Eu não fazia ideia do que iria acontecer. O desafio era apertar um botão dentro de um tempo determinado. Infelizmente, fui o primeiro participante a ser desclassificado, logo no início da prova, ainda no ao vivo. O que me deixou frustrado, especialmente porque imaginei que minha família estaria assistindo.

No segundo dia, a tensão aumentou. Eu já me sentia um pouco fora de lugar, pois minha realidade era diferente da maioria na casa. Fiquei mais introspectivo, me afastando um pouco da galera, o que acabou me prejudicando na formação do primeiro paredão. Eu estava preocupado com quem indicaria e também não queria votar nos "camarotes" para evitar conflitos.

A primeira votação trouxe à tona as rivalidades e estratégias de jogo, especialmente por ter sido uma votação aberta na sala. Eu tive que escolher um nome, e isso não foi fácil. Acabei indicando uma participante, que pensei ser estratégico para o momento, mas logo me vi no meio de um conflito, pois ela não retribuiu o voto em mim, e sim outro participante. Quando recebi um voto, me surpreendi e fiquei preocupado com a possibilidade de sair na primeira semana. Mas felizmente, não tive votos suficientes, o que aliviou um pouco a situação.

Os dias seguintes foram marcados por provas, queridômetro e conversas sem fim. Ganhei a prova do líder e pude formar meu VIP, o que me deu uma sensação de controle naquele momento. No entanto, as tensões entre os participantes continuavam, especialmente com quem votou em mim, que se tornou meu alvo principal no jogo.

A formação do segundo paredão, onde o indiquei, foi um momento crucial, onde percebi que a dinâmica da casa começou a mudar, e muitos também se posicionaram contra ele. A pressão do jogo começou a se intensificar. Conflitos pessoais se misturaram com estratégias de jogo, e eu me vi envolvido em alianças e rivalidades que nunca imaginei enfrentar.

Os primeiros dias na casa foram um turbilhão de emoções, um campo de batalha psicológico e estratégico. Eu sabia que cada decisão podia mudar o rumo do jogo, e que ele estava apenas começando.

AS FESTAS

Tem algo que foi bastante comentado quando saí do programa, algo que gerou algumas críticas: as festas. No sábado, tivemos a primeira festa com Menos É Mais, Soweto e Péricles. Conheço todos eles, são amigos próximos. No começo, eu até me diverti. Fiquei na frente do palco, cantando junto, mas logo percebi algo estranho. Eles não olhavam nos meus olhos, não me cumprimentavam como de costume.

Eu já tinha uma ideia de que isso poderia acontecer, o Thiaguinho até me alertou antes de entrar: "Se eu não te cumprimentar lá, não fique chateado. Às vezes, evitamos cumprimentar amigos para não gerar mal-entendidos, é a regra." Então, eu já estava preparado para isso, mas quando aconteceu foi estranho. Os outros participantes sabiam que eu conhecia os artistas, então esperavam que houvesse uma interação entre nós, e como não aconteceu, fiquei preocupado em sair como mentiroso.

O Menos É Mais, com quem tenho uma proximidade, não demonstrou isso na festa. Foi quando percebi que talvez fosse melhor assim. Depois veio o Soweto, e o Belo, que pensei que fosse dar um jeito de me cumprimentar de alguma forma, não fez. Até o Péricles, outro amigo próximo, não teve essa troca de olhares ou cumprimentos. Aquilo foi um choque pra mim, mesmo sabendo que era uma possibilidade.

A partir desse momento, eu entendi que também poderia ser desconfortável para eles. E em todas as festas que tive, todos os artistas que se apresentaram, eram conhecidos meus, em diferentes níveis de proximidade, inclusive os músicos das bandas. Muitos passaram a usar óculos escuros, como o Dodô do Pixote e o Leo Santana, pois isso dificultava ainda mais a interação visual.

Então, decidi ficar mais reservado. Não queria colocar os artistas em uma situação desconfortável. Além disso, eu já tinha essa proximidade com eles, enquanto para os outros participantes era uma experiência nova e incrível estar perto de seus ídolos. Preferi ficar no meu canto, aproveitando os shows de uma maneira mais discreta.

Porém, isso gerou interpretações equivocadas. As pessoas achavam que eu não estava curtindo, quando na verdade, estava apreciando cada apresentação à minha maneira. Sou um produtor musical, um observador atento dos detalhes, não alguém que se entrega totalmente à música. Isso não significa que eu não gostei dos shows, pelo contrário, foram ótimos. Apenas preferi manter uma postura mais reservada por respeito aos artistas e para evitar mal-entendidos.

AS DORES

Foi a primeira vez que experimentei a saudade de forma tão intensa que doía fisicamente. Não fazia ideia de que isso era possível; nunca imaginei que a saudade pudesse causar uma dor tão profunda a ponto de me deixar deitado na cama, encolhido sob o edredom, chorando descontroladamente. Era algo que eu não esperava vivenciar.

Na primeira semana, tudo parecia novidade para mim: os shows, as dinâmicas do programa. Eu estava absorvendo tudo de maneira positiva. No entanto, não imaginava que esses momentos de alegria poderiam ser acompanhados por uma dor posterior.

Logo, outro sentimento começou a surgir: o de desmerecimento. Eu olhava para os outros participantes e ouvia suas histórias de dedicação e esforço para estarem ali. Um se inscreveu 13 vezes, outro se inscreveu 11. Eles conheciam todos os detalhes do jogo, era o sonho deles se tornando realidade. Alguns abriram mão de empregos estáveis para estarem ali. Então, me questionava: "O que estou fazendo aqui? Estou ocupando o lugar de alguém que precisa muito mais do que eu."

Conheci a Fernanda, uma mãe solteira e confeiteira, que enfrentava dificuldades diárias. Ouvi sua história sobre comprar ingredientes com dificuldade, com seu filho que possui o transtorno do espectro autista (TEA). Conheci a Pitel, que achava caro pagar R$100 ou R$150 em uma refeição, algo que para mim era trivial. Conforme mergulhava nas histórias delas, eu me sentia cada vez mais desmerecedor.

Isso me levou a um estado de angústia profunda. Comecei a ter crises de ansiedade, especialmente porque ainda não tínhamos a academia aberta, que seria meu refúgio. Eu já tinha decidido que a academia seria minha válvula de escape, mas ela não estava disponível. Isso só piorava minha condição emocional.

As brigas na casa também começaram a surgir, e eu me via constantemente tentando acalmar os ânimos, especialmente em confrontos entre homens e mulheres. Eu não queria estar ali, não daquela maneira. Houve um momento em que mencionei que não precisava daquilo, que poderia estar fazendo outras coisas do lado de fora, o que gerou conflitos e me colocou como alvo para alguns participantes.

Para mim, era uma questão de respeitar a decisão de cada um estar no programa. Eu não me via como alguém que desrespeitava os sonhos dos outros, mas sim, alguém que reconhecia que não estava no mesmo patamar de necessidade que muitos dos participantes. E infelizmente, essa postura foi mal interpretada e gerou mais conflitos.

Passei grande parte do tempo na casa desejando sair, expressando isso verbalmente. Entrei no programa com a ideia de ser autêntico, de ser eu mesmo. Não sou alguém que ofende gratuitamente, que desrespeita as pessoas por causa de dinheiro. Porém, isso não foi compreendido pela maioria, e acabei sendo mal visto por muitos, inclusive aqui fora.

É surpreendente como certas palavras e atitudes podem ser distorcidas e interpretadas de forma tão negativa. O que para mim eram comentários comuns, para outros se tornaram motivo de aversão e rejeição. Percebi que a sinceridade e a autenticidade podem não ser bem recebidas quando confrontam as expectativas e as realidades dos outros.

AS CRÍTICAS

Dentro daquela casa, eu estava imerso em um contexto que ainda não compreendia completamente. Havia um enredo em andamento, com seus heróis e vilões, algo que a Pitel entendia muito bem. Ela tinha uma clareza sobre como as pessoas seriam rotuladas, quem seria considerado o mocinho e quem não. Para mim, as coisas aconteciam de forma mais fluida, pela convivência e interações do dia a dia.

Foi somente após sair da casa que percebi como o jogo era interpretado pelo público aqui fora. Haviam participantes queridinhos do Brasil, enquanto eu fui colocado em um papel de antagonista. Isso me fez refletir sobre como fui encaixado nesse lugar e como minhas ações foram interpretadas.

Aqui fora eu fui criticado por ao menos três pilares principais: minhas falas sobre uma participante, meu comentário sobre querer sair do programa e minha postura em relação às festas.

A crítica em relação a uma participante foi particularmente intensa. Entendi que minhas palavras e atitudes em relação a ela geraram uma reação forte do público. Minha sinceridade, que para mim era uma forma de ser autêntico, foi interpretada de maneira negativa pela maioria.

O fato de expressar meu desejo de sair também foi mal recebido. Para muitos, parecia uma atitude de desinteresse ou desvalorização do jogo e das oportunidades ali presentes. Porém, para mim, era uma forma de ser honesto sobre meus sentimentos e limitações naquele ambiente.

A questão das festas também foi um ponto de discordância. Enquanto alguns participantes se envolviam e aproveitavam ao máximo esses momentos de descontração, eu mantinha uma postura mais reservada. E isso foi interpretado como falta de participação e interesse.

No final das contas, percebi que estava em um jogo muito mais complexo do que imaginava. Havia expectativas externas, interpretações diversas e a constante pressão de ser visto de determinada maneira pelo público. Mesmo sendo fiel a si mesmo, as percepções e julgamentos alheios podem moldar a forma como somos vistos, mesmo sem a nossa intenção.

A POLÊMICA

Em uma sexta-feira, após a formação do paredão, houve uma conversa crucial que precisa ser mencionada, sobre uma certa participante. Ao final da dinâmica, eu e os meninos fomos conversar no quarto do líder, e foi lá que uma conversa começou a gerar consequências que eu jamais imaginaria.

Um dos participantes perguntou o que achávamos sobre determinada participante. Minha resposta inicial foi uma observação superficial sobre sua beleza, mas rapidamente a conversa tomou outro rumo quando outro respondeu que não gostava de loiras. Eu não pude evitar uma risada diante da resposta aparentemente desconexa, pois logo percebi que não era bem do cabelo dela que ele estava se referindo, e sim, de seu corpo.

Ele então expressou que achava o corpo dela estranho, o que gerou minha resposta infeliz: *"ela já foi melhor, ela está mais velha hoje, mas ela é bonita ainda, o rosto dela é lindo"*. Naquele momento, não percebi a gravidade dessa fala e como ela me transformaria no vilão da história. Aquelas palavras, ditas de forma despretensiosa, se tornaram o estopim para uma série de ataques e julgamentos que se seguiram.

Um dia após essa conversa, eu me vi em uma situação desconfortável no quarto. Um dos meninos começou a mencionar que precisávamos conversar sobre algumas coisas que ele considerava inapropriadas. Mesmo com as meninas presentes, pedi para ele falar abertamente, mas ele se recusou, alegando que eram assuntos que ele tinha vergonha de repetir por terem conotações sexuais.

Para mim, aquilo foi uma surpresa. Não imaginava que essa conversa se tornaria um ponto de conflito na casa. Mais tarde, soube que ele se sentiu pressionado a falar sobre o assunto e admitiu que não queria repetir as falas por se sentir constrangido. Para mim, não houve essa conotação sexual na conversa, e quando as meninas me perguntaram, eu sinceramente não lembrava do teor da conversa. E disse que se lembrasse, teria sido honesto sobre o que foi dito.

A dinâmica das brincadeiras na casa, especialmente entre mim e elas, era uma mistura de provocação e camaradagem diária. Costumávamos fazer piadas sobre diversos assuntos, inclusive sobre nossas idades e hábitos alimentares. Nossas piadas eram parte do convívio e nunca foram maliciosas.

Houve um único momento em que percebi que uma brincadeira específica poderia ter afetado uma delas, principalmente depois que ela mencionou sua compulsão alimentar. A partir daí, parei com essas piadas e mudei minha abordagem para ser mais solidário e cuidadoso em relação a isso.

O estresse do ambiente da casa, somado à ansiedade e à pressão do jogo, muitas vezes nos faziam agir de forma impulsiva e esquecer das nuances e sensibilidades dos outros participantes. Aprendi que as palavras têm poder e que é fundamental ter consciência do impacto que podem causar, mesmo em contextos informais e descontraídos. O que para mim eram brincadeiras inocentes, para alguns, foi interpretado de maneira diferente, ensinamento esse que carrego comigo após essa experiência intensa no programa.

OS LAÇOS

É difícil expressar o quanto a presença da Pitel foi crucial para mim durante minha jornada no jogo. Costumo dizer que ela foi minha salvação dentro daquela casa, ela realmente me salvou. Junto com a Fernanda, é claro, mas de uma maneira especial, a Pitel se destacou. Tenho um enorme respeito pela Fe, sua história como mãe e sua força são admiráveis, mas a Pitel se tornou meu porto seguro.

Ela é uma pessoa incrivelmente inteligente e madura para sua idade, apenas 24 anos. O que mais me impressionou nela foi sua atitude resiliente. Ela não se deixava abalar por histórias tristes ou dramas alheios. Sempre dizia: "Não quero saber da história de ninguém, se não eu vou me envolver". Sua profissão como assistente social certamente a expôs a inúmeras histórias difíceis ao longo da vida, mas ali, naquele ambiente do jogo, ela optou por não se deixar levar por esse peso. Essa determinação e força de vontade me chamaram muito a atenção.

Tenho um filho mais velho do que ela, e de certa forma, a via como uma filha dentro da casa. Ela até me chamava de "papi", e sua personalidade leve e engraçada realmente me ajudou a suportar os momentos difíceis. Acredito que foi essa conexão com ela que me ajudou a não ser completamente cancelado ou rejeitado. Quando saí, já havia passado um bom tempo desde o episódio das minhas falas com os meninos, que só voltou à tona por conta da minha saída, o que gerou mais polêmica em relação a mim.

Mas a Pitel e as meninas foram essenciais para me manter equilibrado. Mesmo que eu tivesse voltado daquele paredão, já estava decidido em minha mente que apertaria o botão para sair no dia seguinte. Já estava no meu limite. Lembro-me de uma conversa que tive com elas, reunindo as meninas. Expliquei minha decisão e o quanto valorizava a presença delas naquele momento.

Houve até um momento de atrito com a Fernanda, quando ela disse que eu repetia isso todos os dias, mas nunca fazia nada. Eu me senti incomodado, pois estava sendo sincero sobre meus sentimentos e não queria ser interpretado como alguém que estava brincando ou não levava a sério. O apoio e a leveza que elas me proporcionavam eram o que me seguravam ali, mas ao mesmo tempo, eu já estava ciente de que minha jornada no jogo tinha chegado ao fim.

A SAÍDA

O dia da minha saída coincidiu com o dia do meu aniversário. Foi um momento de fortes emoções, carregado de eventos pesados e pessoais que me levaram a querer sair daquela casa. Eu repetia que queria sair, mandava recados como "Rogério, Bruna, preparem tudo que eu vou embora", falava para a câmera, verbalizava isso, especialmente no dia da minha saída.

Houve o momento em que levei geleia na cabeça durante o "Sincerão", uma dinâmica do jogo. Naquele instante, eu disse: "Cara, eu não trabalhei 35 anos para vir aqui e jogarem geleia na minha cabeça por causa de um jogo". Aquilo mexeu muito comigo, ainda mais considerando que meu aniversário seria no dia seguinte. Eu estava decidido a sair, independentemente de qualquer coisa.

Quando recebi a notícia de que estava fora do programa, senti um alívio imenso. Sai da casa com um peso sendo retirado dos meus ombros. Estava feliz, sentia que havia cumprido mais do que imaginava. Na minha cabeça, eu achava que não aguentaria um mês, mas acabei ficando 51 dias. Para mim, meu trabalho já estava feito, mesmo com todas as polêmicas.

Depois de sair da casa, participei do meu primeiro programa, onde tive acesso ao que estava acontecendo a meu respeito. Eles tocaram em pontos sensíveis, como algumas falas e piadas que tive sobre certos participantes. Foi um momento de proximidade com o que estava acontecendo fora da casa. Por incrível que pareça, foi tranquilo, a apresentadora me mostrou o vídeo de uma das minhas falas que gerou polêmica, perguntou se eu lembrava e, naquele momento, lembrei. Expliquei que dentro da casa havia momentos de "apagões", onde certas lembranças se perdiam na correria dos acontecimentos. Mas ao assistir o vídeo, tudo voltou à memória.

No entanto, ainda não tinha plena consciência do impacto que minhas palavras estavam gerando. Respondi às perguntas da maneira que pude naquele momento. A cada nova informação, fui reagindo e me explicando. Quando cheguei ao hotel, encontrei a Bruna, e aquele momento foi um dos melhores da minha vida, um reencontro emocionante após 60 dias. Ela me passou algumas informações de forma leve, pois estávamos falando sobre saudade e outras coisas.

No dia seguinte, fui a outro programa mais ciente do que havia causado. Minhas respostas já foram mais conscientes, pois tive mais tempo para processar tudo. Ainda enfrentei muitas críticas, mas fui honesto em cada resposta, mesmo que não agradasse a todos.

Quando retornei a São Paulo, convidei a Gis, minha nova gestora de crise de imagem, para assistir aos programas na minha casa. Foi um momento de apresentação mútua, onde expliquei quem eu era, minha carreira, meus sonhos. Ela começou a me apontar alguns erros, de forma leve, e fomos trabalhando juntos nesse reposicionamento. Também fizemos uma aula de letramento para entender certas situações, o que foi fundamental para mim.

Hoje eu entendo onde errei e como poderia ter me posicionado melhor. Eu e minha equipe continuamos trabalhando fielmente para que as pessoas compreendam a mudança que tudo isso trouxe para minha vida, uma transformação significativa que agora estou compartilhando com um público mais amplo e que me trouxe mais oportunidades e responsabilidades.

NAS RUAS

Hoje a abordagem na rua é muito maior do que antes, diferente de tudo o que já vivi, até da minha primeira época de sucesso. A diversidade é incrível, com pessoas de todos os nichos e idades. É uma experiência única, uma espécie de colisão entre o passado e o presente, onde todos os perfis de pessoas se misturam em um só espaço, todos querendo falar, compartilhar e, de certa forma, participar da minha vida.

Me lembro de uma experiência recente em uma padaria. Uma mulher se aproximou e disse: "Você parece o Rodriguinho do programa". Outra pessoa ao lado acrescentou: "Não, é o Rodriguinho dos Travessos". Com um sorriso, eu respondi: "Na verdade, eu sou os dois". A conversa seguiu para a questão da minha aparência na TV, e como ela pode distorcer a percepção da realidade. É interessante como as pessoas se surpreendem quando me veem pessoalmente e percebem que não estou tão "acabado" quanto na tela (risos).

Essa dinâmica de interação com o público do programa mudou drasticamente ao longo dos anos. Hoje, não se trata apenas de fãs entusiasmados, mas também de pessoas que têm opiniões e estão dispostas a compartilhar, mesmo que sejam críticas. A mulher da padaria, por exemplo, confessou: "Olha, Rodriguinho, você disse umas coisas lá dentro que me deram vontade de te bater umas horas, mas é jogo, né? Já passou." A forma como ela falava denotava carinho e compreensão, apesar do motivo da bronca.

Essa realidade me faz refletir sobre como a fama e a exposição pública podem gerar uma gama tão ampla de reações e perspectivas.

DORES E RAZÕES

O motivo inicial que me levou a aceitar o convite para participar do programa foi o sonho da minha esposa. Era algo que ela desejava profundamente, e eu queria estar próximo dela de todas as formas possíveis, nesse caso, aceitando a oportunidade de realizar algo que ela sempre quis. Mas quando tive o apoio dela e do meu empresário, comecei a compreender melhor o que significava estar ali dentro.

Ao entrar na casa, percebi que não poderia simplesmente dizer que estava lá por ela. Eu tinha que lidar com as dores que carregava antes de entrar, como a constante sensação de ser subestimado no meu trabalho e a falta de reconhecimento pelo pagode como um gênero artístico relevante. Mesmo tendo conquistado grandes feitos, como o sucesso do Tardezinha, um evento de pagode que lota estádios em todo o Brasil, ainda sentia que o nosso reconhecimento era limitado.

Uma das razões para entrar era quebrar essa visão estereotipada e mostrar que o pagode merece o mesmo respeito e reconhecimento que outros gêneros musicais. Queria ganhar não apenas para mim, mas para elevar nosso som a um patamar que considero justo.

Dentro da casa, enfrentei desafios que refletiam as diferenças de tratamento entre artistas de diferentes segmentos e isso era algo que queria mudar, não só dentro da casa, mas também fora dela.

Durante os shows, percebi que os participantes se encantavam com as apresentações de meus colegas artistas, como Pixote, Menos é Mais e Belo, enquanto eu não despertava o mesmo entusiasmo. Mesmo tendo mais tempo de carreira do que alguns deles, não recebia o mesmo reconhecimento. Porém, eu sabia que precisava deixar meu ego de lado e me colocar no mesmo patamar que todos os outros participantes. Afinal, estávamos todos ali pelo mesmo objetivo, sem privilégios ou diferenças.

Dentro da casa, também percebi que as regras pareciam mudar dependendo de quem as seguia. Uma das situações que me fez refletir foi a repercussão de certos acontecimentos, como quando fui criticado por uma decisão dentro do jogo, enquanto outros participantes tiveram atitudes semelhantes que passaram despercebidas. Isso gerava discussões e questionamentos constantes sobre o valor da fama dentro e fora do programa.

Outro aspecto que me incomodava era a diferenciação entre os participantes "camarotes" e os "pipoca", como se a fama e o reconhecimento externo não tivessem relevância. Isso gerava debates internos sobre o valor do reconhecimento artístico e social, especialmente quando se tratava da premiação do programa.

ARREPENDIMENTOS

Ao olhar para trás, percebo um turbilhão de emoções em relação à minha participação no programa. Há momentos em que me arrependo e outros em que não. Um dos principais arrependimentos que carrego é não ter compreendido completamente a dinâmica do jogo. Sempre fui alguém que buscava a harmonia, que tentava evitar conflitos e fazia questão de separar o jogo das relações pessoais. No entanto, dentro da casa, falhei em perceber que cada momento era parte de uma grande dinâmica. Falhei em não me mostrar como marido, filho, pai, avô, irmão. Eu deveria ter exposto o Rodrigo e não o Rodriguinho.

É como se eu não tivesse levado para o programa a mesma mentalidade competitiva que tenho em outras áreas da vida. Lá dentro, hesitava em tirar sarro ou brincar com as pessoas quando cometiam erros no jogo. Esse comportamento apaziguador pode ter sido uma das razões pelas quais não joguei tão estrategicamente quanto poderia e esperavam de mim. Hoje, olhando de fora, consigo identificar claramente quem estava realmente jogando e quem não estava. Esse é um dos meus maiores arrependimentos, o de não ter adotado uma postura mais assertiva e competitiva durante o programa.

Por outro lado, em termos de visibilidade e oportunidades de divulgação, não me arrependo das decisões que tomei. Saí do programa com novas oportunidades, participando de publicidades e projetos que antes não teria acesso. Essa visibilidade e exposição me permitiram mostrar quem realmente sou e explorar novas possibilidades profissionais.

No final das contas, o saldo é mais positivo do que negativo. Aprendi lições valiosas sobre competitividade, estratégia e a importância de ser autêntico em todas as circunstâncias. Essa jornada me fez crescer como pessoa e profissional, e apesar dos arrependimentos, estou grato pelas coisas que vivi e ainda viverei a partir dessa experiência única.

AS DIFICULDADES

Um dos momentos mais desafiadores para mim durante o tempo na casa foi lidar com a saudade. Foi um choque perceber que as coisas que eu tinha do lado de fora não recebiam o devido valor até então, como meus filhos, minha esposa, minha casa, meu ambiente familiar e meus amigos. A capacidade de falar com pessoas que me conheciam de verdade, que me aceitavam sem julgamentos, tornou-se um luxo que só compreendi plenamente na ausência. Estar distante de tudo isso me fez valorizar cada aspecto da minha vida de uma forma que nunca havia experimentado antes.

A falta de privacidade dentro da casa também foi uma dificuldade constante. O simples fato de ficar quieto era interpretado como falta de participação no jogo, e dormir para recuperar energia era visto como desinteresse ou falta de comprometimento. Qualquer ação, por mais banal que fosse, podia se tornar motivo para ser votado ou julgado pelos demais participantes. Além disso, expressar conquistas pessoais ou demonstração de autoconfiança podia ser interpretado como soberba ou arrogância, tornando ainda mais desafiador ser autêntico em um ambiente tão competitivo.

A dinâmica do jogo e a pressão constante para se encaixar em certos padrões comportamentais eram desgastantes. As pessoas ao meu redor não estavam preparadas para lidar com autenticidade e diferenças de realidade, elas acabavam muitas vezes julgando e rotulando com base em interpretações superficiais. Expressar quem você realmente é, sem medo de julgamentos ou interpretações distorcidas, era a tarefa mais difícil do jogo.

OS JULGAMENTOS

Uma das situações que mais me marcaram dentro da casa foi quando os colegas brincavam comigo sobre as facilidades da minha vida cotidiana. A Pitel, em tom de brincadeira, dizia coisas como: "É muito fácil ser você, Rodriguinho. Acabou de comer e alguém pega seu prato, não varre o chão, sai do quarto e alguém já entra pra arrumar sua cama". Na dinâmica do jogo, esses comentários não soavam como críticas, mas sim como brincadeiras entre nós. No entanto, ao voltar para o mundo exterior, percebi que essas mesmas brincadeiras foram interpretadas de forma negativa.

O jogo dentro da casa muitas vezes nos leva a extremos, onde as pessoas falam sem filtro e sem entender completamente a realidade uns dos outros. Quando eu tentava explicar que em minha casa tinha pessoas responsáveis por essas tarefas domésticas, soava como arrogância para alguns, sendo que eu só estava defendendo a minha vivência. E essa realidade, a dos artistas, é de fato diferente da dos participantes "pipocas". Dentro da casa, alguns compreendiam essa diferença e aceitavam, mas ao sair, percebi que muitos não conseguiam entender ou aceitar de fato.

DESABAFO

Houve uma dinâmica em que ganhamos prêmios de um patrocinador, e cada um tinha a oportunidade de escolher o que desejava. Vi muitas pessoas felizes por escolherem uma televisão, uma máquina de lavar e outros itens. Porém, para mim, aquilo trouxe um sentimento de desconforto, pois tudo o que estava disponível ali eu já possuía.

Não havia nada que eu pudesse escolher que para mim não fosse repetitivo, e isso me fez questionar meu lugar naquela casa, meu sentimento de pertencimento. Falar isso dentro da casa foi apenas um desabafo sincero, sobre a dificuldade de me encaixar em um contexto em que as expectativas e as realidades eram tão diferentes, mas quando isso chegou ao público, foi interpretado de maneira pejorativa.

Não digo isso em tom de arrependimento, porque se arrepender é uma palavra forte, mas eu estava sendo eu mesmo, sem malícia, apenas compartilhando um desabafo pessoal. Se eu pensasse estrategicamente no jogo, poderia ter escolhido fazer algo que o público gostasse de ver, mas a verdade é que o que o público queria ver de mim não condizia com quem eu sou, com a minha vivência e com as coisas que possuo.

É difícil agir como alguém que você não é. E não é uma questão de soberba, mas sim de reconhecer que cada um tem sua própria realidade e desafios. É desafiador para mim, e para muitos, expressar essa diferença de perspectivas sem ser mal interpretado. Às vezes, a diferença de experiências pode soar como inveja ou soberba para quem não compreende completamente o contexto.

Cada um tem suas próprias batalhas internas e suas próprias visões de mundo, e nem sempre é fácil transmitir isso de forma compreensível para todos.

O RIVAL

É curioso como, após minha saída do programa, as pessoas que se aproximaram de mim frequentemente mencionaram um participante específico. A verdade é que eu não tive muitos embates diretos com ele, foi um único momento marcante em que nossos jogos se enfrentaram.

Me lembro do momento em que ele gritou com outra participante, a mandando ficar quieta, em um momento de euforia após atender o Big Fone. Aquilo mexeu comigo, e entrei na discussão para defendê-la. Tentei acalmá-lo e pedi pra parar, pois ela era uma mulher e merecia respeito. Além disso, não havia necessidade de tanto alvoroço e gritaria.

Esse foi nosso único confronto mais sério. E foi significativo para mim, pois notei que ele mudou seu tom e postura quando levantei minha voz, ele ficou na defensiva e isso me fez refletir sobre sua idade e o contexto da situação. Afinal, eu tenho filhos mais velhos que ele. Eu queria lidar com a situação, mas entendendo que suas ações eram resultado de uma empolgação de alguém que via naquele programa uma oportunidade única.

Além disso, houve um outro momento que me marcou de forma negativa, pois foi especialmente no dia do meu aniversário, já próximo da minha saída. Esse mesmo participante, após me colocar no Sincerão e jogar geleia em mim, fez um bolo para comemorar meu aniversário. Para ele, era uma atitude separada do jogo, algo pessoal. Mas para mim, tudo ali era parte do jogo.

Para mim, fazer aquele bolo foi uma estratégia, ainda mais considerando que ele estava no VIP, enquanto eu estava na Xepa. Ou seja, eu nem poderia comer o meu próprio bolo de aniversário.

Essa situação me deixou bastante chateado, não consegui enxergar aquilo como um gesto genuíno. E não queria acreditar que meu aniversário seria celebrado daquela forma.

COISAS DE JOGO

Não me abalei quando fui indicado ao paredão. Na verdade, já estava ansioso para ver como seria minha popularidade e avaliar meu jogo. Afinal, é apenas no paredão que podemos testar o entendimento do público. Dentro da casa, desenvolvemos uma certa maturidade em relação aos paredões. Todos tinham seu próprio pódio, e seu próprio ranking de possíveis eliminados.

Por exemplo, quando três participantes iam ao paredão, já tínhamos uma noção clara de quem seria o eliminado. Porém, também fomos pegos de surpresa em alguns momentos.

DIA A DIA

O dia a dia na casa é uma experiência que vai muito além do que as pessoas imaginam ao assistir de fora. Não se trata apenas de 26 pessoas colocadas ali para se virarem. Todos os dias são preenchidos com dinâmicas, atividades e regras que precisam ser seguidas à risca. A edição do programa mostra apenas uma parte do que realmente é vivido naquela casa, mas por trás disso tudo, há um conjunto de normas que tornam a nossa rotina intensa.

Não dá para falar sobre qualquer coisa, pois há temas proibidos. Não conseguimos apagar as luzes e nem sempre elas apagam na hora que queremos dormir. Há horário para acordar, com músicas altas tocando logo cedo, e uma corrida para o raio-X, onde cada segundo importa. Qualquer falha nesse processo pode resultar em penalidade, o que acaba afetando a casa e resultando em mais intrigas.

Uma das formas de controle é o "vacilômetro", que aumenta a cada erro ou deslize cometido. Eu tive apenas 6, durante todo o programa, mas todos ficavam atentos às advertências e aos erros dos outros, criando um clima de alerta o tempo inteiro.

Além disso, a casa não oferece o conforto que muitos imaginam. Durante a manutenção externa para montar festas, por exemplo, ficamos confinados dentro da casa, enfrentando o frio de 13 graus que sai do ar condicionado. Por outro lado, quando a manutenção é interna, somos obrigados a sair para o calor de 35 graus do lado de fora.

A questão da alimentação também é um ponto crítico. Comida escassa, restrições de consumo e a pressão constante para não desperdiçar alimentos fazem parte da rotina. Estar na xepa significa lidar com o mínimo e a distribuição limitada dos recursos, enquanto o VIP muitas vezes tem comida sobrando, o que também acaba gerando atritos.

Apesar de tentar manter a paz e ajudar nas tarefas domésticas, como lavar a louça, às vezes era difícil lidar com a falta de colaboração dos outros. Havia uma dinâmica peculiar em que alguns faziam mais do que outros e isso gerava tensão.

Conviver com pessoas de diferentes origens, vivências e criações também foi um desafio constante. Pequenos atritos, como episódios de roupas íntimas deixadas no banheiro, ou a má execução de um prato na cozinha, se tornavam motivos de discussões e mal-entendidos. As diferenças culturais e de hábitos mostravam como cada um ali era de um jeito completamente diferente do outro, e o quanto isso afetava a nossa convivência.

VISÕES E PRINCÍPIOS

Dentro da casa, percebi que muitas pessoas tinham uma visão muito diferente da minha. Um dos pontos em que nossas visões divergiam era sobre os conflitos. Enquanto alguns acreditavam que o público queria ver brigas e barracos, eu me recusava a aceitar essa ideia. Eu não entendia o desejo em ver pessoas se ofendendo e se exaltando gratuitamente.

Me lembro das discussões que surgiram sobre esse tema. Enquanto alguns insistiam em deixar as brigas acontecerem, eu defendia que isso não era o que o Brasil queria ver no programa. Alguns participantes insistiam que o programa era sobre isso. Para eles, era como se o espetáculo se sobrepusesse à humanidade das relações. Mas eu me recusava a compactuar com essa visão distorcida do entretenimento.

Quando o apresentador fez um chamado sobre o limite das brigas e da violência verbal, fiquei aliviado. Senti que minhas convicções estavam de acordo com o público. Ele deixou claro que aquilo não era o que o público queria ver, que aquelas vinganças planejadas entre os participantes também não eram aceitáveis e não representavam a essência do programa.

Essa postura acabou validando minha visão de que o excesso de conflitos e brigas não era o caminho certo. Eu não estava disposto a abandonar meus princípios e valores só para alimentar um espetáculo que, para mim, não condizia com o que eu acreditava. Minha convicção era clara: nenhum valor financeiro ou oportunidade seria capaz de me fazer abrir mão dos meus princípios.

Esses momentos de conflito de visão e de confronto com as expectativas do público sempre mostravam o quão desafiador era manter a integridade em um ambiente tão tumultuado como a casa mais vigiada do Brasil. E isso me fazia refletir sobre o papel do entretenimento e o que realmente importa em uma experiência como essa.

PÓS *REALITY*

Após minha saída do programa, recebi um grande apoio do público. Muitas pessoas me disseram que fui autêntico, que mantive minha essência mesmo sob pressão. É claro que houve críticas também, algumas pessoas acharam que eu poderia ter escolhido melhor minhas palavras em certos momentos. Mas a maioria concordou que o que viram foi o verdadeiro Rodrigo, sem personagens ou artifícios.

Uma das partes mais desafiadoras de estar no programa foi lidar com a pressão de falar sobre questões sensíveis sem ser julgado. Eu não queria causar polêmicas desnecessárias, por isso, busquei ter um bom domínio das palavras para me expressar da melhor forma possível, sem cometer deslizes. E, mesmo assim, algumas situações ainda geraram controvérsias.

Aqui fora, uma das formas que encontrei para lidar com a transição para o mundo real foi conversar com outros participantes que já haviam saído. Compreendi que muitas coisas só são compreendidas plenamente por quem vivenciou o confinamento. Por isso, as nossas conversas fluem com facilidade. É difícil transmitir as emoções, angústias e tensões que fizeram parte do nosso dia a dia na casa para quem não esteve lá.

Dentro da casa, havia alguns rituais que todos seguiam, como a reflexão à beira da piscina nos dias de paredão e a despedida de cada cômodo da casa antes da eliminação. Esses pequenos gestos criavam uma conexão especial entre nós, mesmo diante das adversidades do jogo.

Assistir ao programa após minha saída me proporcionou uma nova perspectiva. Percebi que aquilo era um jogo, com suas estratégias e dinâmicas próprias. As tensões e conflitos que vivenciamos lá dentro fazem parte da proposta do programa, e nem sempre refletem problemas pessoais reais. Isso me ajudou a torcer e a entender os participantes de outra maneira hoje em dia.

Acompanhar as notícias e comentários sobre o programa na internet também me faz lembrar que nem tudo é compreendido pelo público. Às vezes, as pessoas julgam sem compreender completamente o contexto ou as emoções envolvidas. Isso me incomoda, tanto que procuro defender meus colegas quando sinto que estão sendo mal interpretados, mas sei que nem sempre consigo.

A adaptação ao mundo externo foi um desafio, principalmente ao lidar com as repercussões de algumas situações do programa. Reconheço que cometi erros e que algumas de minhas falas não foram as mais adequadas, mas estou trabalhando com profissionais para me ajudarem nesse processo de autoconhecimento e evolução pessoal.

Não é fácil deixar de lado algumas convicções e abrir espaço para a orientação de terceiros, mas entendo que é parte do processo de crescimento e amadurecimento. Acredito que, com o tempo e a prática, conseguirei encontrar um equilíbrio entre ser eu mesmo e agir de maneira mais consciente e responsável.

Hoje em dia, não há mais nenhum problema entre mim e qualquer participante do programa. Foi uma experiência fantástica, da qual aprendi muito e, com certeza, vou levar esses aprendizados comigo pelo resto da vida.

O LETRAMENTO

Minha participação no programa me proporcionou muito mais do que eu poderia imaginar. Antes de entrar na casa, eu nunca tinha ouvido falar sobre letramento racial. Para mim, era apenas mais uma daquelas palavras complicadas que os acadêmicos adoram usar.

Mas Tainara Ferreira mudou tudo isso para mim. Ela me mostrou que o letramento não era apenas sobre aprender a ler e escrever, mas sim sobre conhecer e desafiar as normas sociais que perpetuam o preconceito e o racismo. O letramento racial me fez perceber que o conhecimento negro também é valioso e que nossa sociedade está repleta de saberes que raramente são considerados.

Foi uma revelação para mim. Eu percebi que, se tivesse entendido melhor o letramento racial antes de entrar na casa, minha postura e minhas ações poderiam ter sido diferentes. Eu teria sido mais sensível às nuances e menos propenso a reproduzir certos comportamentos.

Ao longo das aulas, comecei a perceber que o letramento é um processo contínuo. Não é algo que você aprende em uma única lição, mas sim uma jornada de aprendizado e reflexão. Embora eu tenha compreendido alguns pontos, ainda há muito a aprender.

Tainara também disse algo que me impactou. Ela me lembrou que o racismo não escolhe suas vítimas com base na fama ou no sucesso. Como negro, eu estou sempre vulnerável a tal, não importa onde esteja ou o que faça. Isso foi um lembrete da importância do letramento racial e de como ele nos permite enxergar o mundo de uma maneira completamente nova.

POSFÁCIO 1 - A ASSESSORA, CAROL FREITAS

Quando o Rodriguinho me contou sobre o convite para o programa, minha primeira reação foi de surpresa. Afinal, nós nos conhecemos há duas décadas e trabalhamos juntos há bastante tempo. Acompanhar cada momento dele naquela casa se tornou um desafio profissional e pessoal para mim.

Um dos maiores desafios que enfrentamos foi lidar com o que saía na mídia. Desde o início, enfrentamos uma onda de notícias negativas sobre ele. Foi um verdadeiro teste de resistência. Decidimos, como estratégia inicial, proteger a família, evitando exposições desnecessárias e entrevistas tendenciosas. Além disso, recebíamos mensagens diárias de haters, ameaçando não só o Rodriguinho, mas toda a nossa equipe. Apesar de algumas falas e posicionamentos errados dele lá dentro, tínhamos confiança de que ele reconheceria e aprenderia ao sair.

Durante o programa, enfrentamos diversos momentos delicados com a imprensa. Negamos muitas entrevistas que julgávamos parciais e preferimos, em muitos momentos, manter o silêncio a cair em "armadilhas" criadas por jornalistas sensacionalistas.

Para garantir sua imagem positiva durante o reality, desenvolvemos estratégias de comunicação focadas em destacar as coisas boas, tanto dentro do programa quanto em sua carreira fora dele. Enquanto ele estava confinado, divulgamos seus lançamentos de músicas inéditas, mostrando seu talento além das paredes da casa.

Os ataques de haters foram uma das partes mais difíceis de lidar. Foi doloroso ver pessoas disseminando ódio contra ele e toda nossa equipe. Emitimos uma nota de repúdio à imprensa para tentar amenizar a situação, mas não foi fácil. Ameaças são crimes sérios e não deveriam ser toleradas de forma alguma.

A interação com os fãs também foi essencial durante todo o processo. Eles estiveram ao nosso lado, atentos a tudo que saía na mídia, e nos ajudaram a monitorar tudo de perto.

No geral, vejo a participação de Rodriguinho como positiva. Ele está vivendo um novo ciclo em sua vida, reconhecendo seus erros e aprendendo com eles. Talvez não tivéssemos essa oportunidade de crescimento se ele não tivesse aceitado o convite. Quanto à imprensa, estamos conseguindo divulgar esse novo momento positivo em sua carreira da melhor forma possível.

POSFÁCIO 2 - A ESPOSA, BRUNA AMARAL

No auge da polêmica envolvendo o programa e as repercussões sobre meu relacionamento com o Rodriguinho, um episódio em especial se destacou como o mais crítico e desafiador de todos. O turbilhão de críticas e ameaças que enfrentei após o episódio envolvendo uma participante foi um dos momentos mais difíceis que já vivi em toda a minha vida.

Aquele sábado, em particular, lembro que acordei com uma avalanche de mensagens, comentários e ameaças. Minhas redes sociais estavam em chamas, as fofocas se espalhando rápido demais. Meu celular não parava de vibrar, cada notificação trazia uma dose de negatividade. A partir desse momento, meu cotidiano virou um campo minado de críticas.

As ameaças eram reais e perturbadoras. Pessoas de diferentes lugares do país se manifestavam de forma agressiva, algumas chegando ao extremo de proferir ameaças reais de violência. O Gaab, filho do Rodriguinho, preocupado com o pai e, consequentemente, com sua própria carreira, também se viu afetado por essa onda de ataques e difamações.

A internet se tornou um caos, onde cada palavra dita podia desencadear uma nova onda de ódio e julgamento. Essa parte foi especialmente dolorosa, pois a integridade e segurança de nossa família estavam sendo postas em xeque por pessoas que mal nos conheciam. Mesmo tentando ignorar, era impossível não se abalar com tanta hostilidade direcionada a nós.

Seus filhos, por vez, foram impactados de formas diferentes. Júnior, surpreendentemente ativo nas redes sociais, apesar de não ser seu forte, assumiu um papel de defesa firme, mostrando ao mundo quem realmente é seu pai e defendendo-o com unhas e dentes. Já Jaden, mais jovem e ainda em fase de questionar o que acontece ao seu redor, precisou de orientação para entender o contexto e não se deixar levar por informações distorcidas absorvidas na escola e na internet.

O suporte emocional de nossa família foi fundamental nesse período conturbado. Mesmo sentindo saudade do Rodriguinho, eu estava rodeada de apoio e amor, o que me ajudou a enfrentar os momentos mais difíceis. Até os de raiva, quando o desejo de responder aos ataques era forte, tentávamos manter a compostura e não dar mais destaque a algo que só traria mais dor e desgaste emocional. Decidi restringir comentários, bloquear alguns perfis e evitar ao máximo possível o confronto direto.

Nisso tudo, eu consegui enxergar uma oportunidade única, uma chance de separar os verdadeiros amigos dos oportunistas. Nos momentos mais difíceis é que se revelam as verdadeiras intenções, e foi assim que observei quem realmente estava ao nosso lado e quem estava apenas de passagem. Foi um período de consolidação também entre os nossos familiares, onde todos se aproximaram ainda mais.

Após deixar o reality, o Rodriguinho experimentou uma breve euforia. Tudo parecia perfeito, como se estivéssemos em um conto de fadas. No entanto, à medida que os ataques se intensificaram, pude notar uma mudança em seu estado psicológico. Os avanços conquistados na terapia foram temporariamente desaparecendo, e alguns de seus antigos gatilhos ressurgiram, o que acabou impactando nosso casamento e nosso cotidiano.

Essa fase durou cerca de duas semanas, até que gradualmente as coisas começaram a se acalmar. Com o tempo e o retorno à terapia, observei uma melhora significativa. Ele passou a valorizar mais as pequenas coisas do dia a dia, aquelas que muitas vezes passam despercebidas. Sua participação no programa também representou um importante catalisador para seu crescimento pessoal, uma experiência que, apesar dos percalços enfrentados, nos fortaleceu enquanto família e como casal.

Hoje, olhando para trás, vejo que aqueles dias turbulentos foram também um teste de resistência aqui fora, mas que nos fortaleceu e fez valorizar ainda mais os laços e a importância do apoio mútuo diante das adversidades. Passei a filtrar opiniões, a não dar espaço para o ódio gratuito e a focar no que realmente importa: o amor e a nossa união.

FOTOS

Arquivo pessoal

Arquivo pessoal

Arquivo pessoal

Arquivo pessoal

Arquivo pessoal